汉语风 中文分级系列读物 **Chinese Breeze** Graded Reader Series

liú zài Zhōngguó de yuèliang shídiāo
留在中国的月亮石雕
The Moon Sculpture Left Behind

主 编　刘月华（Yuehua Liu）　储诚志（Chengzhi Chu）
原 创　储先亮（Xianliang Chu）

（第二版）
Second Edition

北京大学出版社
PEKING UNIVERSITY PRESS

图书在版编目(CIP)数据

留在中国的月亮石雕/刘月华,储诚志主编.—2版.—北京:北京大学出版社,2018.2
(汉语风中文分级系列读物)
ISBN 978-7-301-24262-9

Ⅰ.①留… Ⅱ.①刘… ②储… Ⅲ.①汉语—对外汉语教学—语言读物 Ⅳ.①H195.5

中国版本图书馆CIP数据核字(2018)第010290号

书　　名	留在中国的月亮石雕(第二版)
著作责任者	刘月华　储诚志　主编 储先亮　原创
责任编辑	李凌
标准书号	ISBN 978-7-301-24262-9
出版发行	北京大学出版社
地　　址	北京市海淀区成府路205号　100871
网　　址	http://www.pup.cn　　新浪微博:@北京大学出版社
电子信箱	zpup@pup.cn
电　　话	邮购部 62752015　发行部 62750672　编辑部 62753027
印刷者	三河市博文印刷有限公司
经销者	新华书店
	850毫米×1168毫米　32开本　2.75印张　43千字 2013年3月第1版 2018年2月第2版　2018年2月第1次印刷
定　　价	20.00元

未经许可,不得以任何方式复制或抄袭本书之部分或全部内容。
版权所有,侵权必究
举报电话: 010-62752024　电子信箱: fd@pup.pku.edu.cn
图书如有印装质量问题,请与出版部联系,电话:010-62756370

刘月华

毕业于北京大学中文系。原为北京语言学院教授,1989年赴美,先后在卫斯理学院、麻省理工学院、哈佛大学教授中文。主要从事现代汉语语法,特别是对外汉语教学语法研究。近年编写了多部对外汉语教材。主要著作有《实用现代汉语语法》(合作)、《趋向补语通释》《汉语语法论集》等,对外汉语教材有《中文听说读写》(主编)、《走进中国百姓生活——中高级汉语视听说教程》(合作)等。

储诚志

夏威夷大学博士,美国中文教师学会前任会长,加州大学戴维斯分校中文部主任,语言学系博士生导师。兼任多所大学的客座教授或特聘教授,多家学术期刊编委。曾在北京语言大学和斯坦福大学任教多年。

储先亮

安徽省作家协会会员,岳西作家协会副主席,作品以散文、小小说为主,兼有诗歌和杂文发表,有长篇小说见诸新浪网;主业为行政工作,任职于安徽岳西县工商局。

Yuehua Liu

A graduate of the Chinese Department of Peking University, Yuehua Liu was Professor in Chinese at the Beijing Language and Culture University. In 1989, she continued her professional career in the United States and had taught Chinese at Wellesley College, MIT, and Harvard University for many years. Her research concentrated on modern Chinese grammar, especially grammar for teaching Chinese as a foreign language. Her major publications include *Practical Modern Chinese Grammar* (co-author), *Comprehensive Studies of Chinese Directional Complements*, and *Writings on Chinese Grammar* as well as the Chinese textbook series *Integrated Chinese* (chief editor) and the audio-video textbook set *Learning Advanced Colloquial Chinese from TV* (co-author).

Chengzhi Chu

Chu is associate professor and coordinator of the Chinese Language Program at the University of California, Davis, where he also serves on the Graduate Faculty of Linguistics. He is the former president of the Chinese Language Teachers Association, USA, and guest professor or honorable professor of several other universities. Chu received his Ph.D. from the University of Hawaii. He had taught at the Beijing Language and Culture University and Stanford University for many years before joining UC Davis.

Xianliang Chu

Xianliang Chu is the Vice President of the Writers Association of Yuexi County, and a member of the Writers Association of Anhui Province. His creative writings include prose, short stories, and poems published in both traditional media and online. As his regular job, he works in the Administration of Commerce and Industry of the Yuexi County of Anhui in China.

前　言

学一种语言，只凭一套教科书，只靠课堂的时间，是远远不够的。因为记忆会不断地经受时间的冲刷，学过的会不断地遗忘。学外语的人，不是经常会因为记不住生词而苦恼吗？一个词学过了，很快就忘了，下次遇到了，只好查词典，这时你才知道已经学过。可是不久，你又遇到这个词，好像又是初次见面，你只好再查词典。查过之后，你会怨自己：脑子怎么这么差，这个词怎么老也记不住！其实，并不是你的脑子差，而是学过的东西时间久了，在你的脑子中变成了沉睡的记忆，要想不忘，就需要经常唤醒它，激活它。"汉语风"分级读物，就是为此而编写的。

为了"激活记忆"，学外语的人都有自己的一套办法。比如有的人做生词卡，有的人做生词本，经常翻看复习。还有肯下苦功夫的人，干脆背词典，从 A 部第一个词背到 Z 部最后一个词。这种做法也许精神可嘉，但是不仅过程痛苦，效果也不一定理想。"汉语风"分级读物，是专业作家专门为"汉语风"写作的，每一本读物不仅涵盖相应等级的全部词汇、语法现象，而且故事有趣，情节吸引人。它使你在享受阅读愉悦的同时，轻松地达到了温故知新的目的。如果你在学习汉语的过程中，经常以"汉语风"为伴，相信你不仅不会为忘记学过的词汇、语法而烦恼，还会逐渐培养出汉语语感，使汉语在你的头脑中牢牢生根。

"汉语风"的部分读物出版前曾在华盛顿大学（西雅图）、范德堡大学和加州大学戴维斯分校的六十多位学生中试用。感谢这三所大学的毕念平老师、刘宪民老师和魏苹老师的热心组织和学生们的积极参与。夏威夷大学的姚道中教授、加州大学戴维斯分校的李宇以及博士生 Ann Kelleher 和 Nicole Richardson 对部分读物的初稿提供了一些很好的编辑意见，在此一并表示感谢。

Foreword

When it comes to learning a foreign language, relying on a set of textbooks or spending time in the classroom is not nearly enough. Memory is eroded by time; you keep forgetting what you have learned. Haven't we all been frustrated by our inability to remember new vocabulary? You learn a word and quickly forget it, so next time when you come across it you have to look it up in a dictionary. Only then do you realize that you used to know it, and you start to blame yourself, "why am I so forgetful?" when in fact, it's not your shaky memory that's at fault, but the fact that unless you review constantly, what you've learned quickly becomes dormant. The *Chinese Breeze* graded series is designed specially to help you remember what you've learned.

Everyone learning a second language has his or her way of jogging his or her memory. For example, some people make index cards or vocabulary notebooks so as to thumb through them frequently. Some simply try to go through dictionaries and try to memorize all the vocabulary items from A to Z. This spirit is laudable, but it is a painful process, and the results are far from sure. *Chinese Breeze* is a series of graded readers purposely written by professional authors. Each reader not only incorporates all the vocabulary and grammar specific to the grade but also contains an interesting and absorbing plot. They enable you to refresh and reinforce your knowledge and at the same time have a pleasurable time with the story. If you make *Chinese Breeze* a constant companion in your studies of Chinese, you won't have to worry about forgetting your vocabulary and grammar. You will also develop your feel for the language and root it firmly in your mind.

Thanks are due to Nyan-ping Bi, Xianmin Liu, and Ping Wei for arranging more than sixty students to field-test several of the readers in the *Chinese Breeze* series. Professor Tao-chung Yao at the University of Hawaii. Ms. Yu Li and Ph.D. students Ann Kelleher and Nicole Richardson of UC Davis provided very good editorial suggestions. We thank our colleagues, students, and friends for their support and assistance.

主要人物和地方名称
Main Characters and Main Places

白春水 Bái Chūnshuǐ

A math professor of an American university. His English name is Jack.

毛步康 Máo Bùkāng

A good friend of Bai Chunshui. They met each other when they studied at the same college in Britain. Mao Bukang lives in China now.

白明天 Bái Míngtiān

Bai Chunshui's father. He was born in mainland China and moved to Taiwan with his father. Later, he immigrated to America and started a company.

白秋树 Bái Qiūshù

Bai Chunshui's grandfather, a successful businessman. He moved to Taiwan with his son, Bai Mingtian. He is retired now and lives in America.

黄雨晴 Huáng Yǔqíng

Bai Chunshui's grandmother. She lives in mainland China and has passed away.

白雨晴（又叫白雪）Bái Yǔqíng (as known as Bái Xuě)
Bai Chunshui's aunt. She lives in mainland China. She was organically called Bai Xue.

约翰 Yuēhàn
John, an office clerk of Bai Chunshui's department

浙江省 Zhèjiāng Shěng: Zhejiang Province
月亮湖 Yuèliang Hú: The Moon Lake, a lake in Zhejiang Province
月亮城 Yuèliang Chéng: The Moon City, a small city in Zhejiang Province
加州大学 Jiāzhōu Dàxué: University of California
长城 Chángchéng: The Great Wall
明华饭馆 Mínghuá Fànguǎn: A Chinese restaurant
美国 Měiguó
中国 Zhōngguó
北京 Běijīng
上海 Shànghǎi
台湾 Táiwān

文中所有专有名词下面有下画线，比如：白春水
(All the proper nouns in the text are underlined, such as in 白春水)

目　录
Contents

1. 外国寄来的挂号信
   A registered mail from overseas 1

2. 在英国时候的同学
   An old classmate at college in England 12

3. 月亮城的故事
   The story of the Moon City 24

4. 他们以为找到了月亮城
   They thought they found the Moon City 34

5. 房子里的石雕不见了
   Where is the moon sculpture 42

6. 月亮石雕的一次旅行
   A travel of the moon sculpture 48

生词表
Vocabulary list 60

练习
Exercises
.... 63

练习答案
Answer key to the exercises
.... 68

1. 外国寄来的挂号信[1]

春天就要过去了,天气虽然还不太热,但是早晚吹来的风是暖和的,像是给人们带来消息:夏天越来越近了。夏天近了,暑假也就快要到了。

那是1991年4月的最后一周,星期一的上午,白春水在家休息。白春水的身体一直很健康,可是不知道为什么,最近一个月总是出问题,今天好像还感冒了,有点儿发烧,也有一点儿咳嗽。

白春水是美国加州大学的数学[2]教授[3]。他这两天没课,不用去学校,今天睡到九点一刻才起来。起床以后,他马马虎虎地洗了一下脸,找出感冒药,吃了两片,桌上的电话突然响[4]了。

1. 挂号信 guàhàoxìn: a register letter (挂号 guà hào: register)
2. 数学 shùxué: mathematics
3. 教授 jiàoshòu: professor
4. 响 xiǎng: ring

"喂……"白春水拿起了电话。

"喂,杰克,早上好,我是约翰。身体好点儿了吗?"

"约翰,你好。我还有点儿不舒服。谢谢你。"

约翰在数学²系⁵办公室⁶工作。杰克就是白春水,那是他的英文名字,在学校里大家一般都叫他杰克;只有家里人和一些说中文的朋友知道他还有一个中文名字叫白春水。

白春水知道,约翰给系⁵里的教授³家里打电话,一般都是有什么急事,不是只想问问他身体好不好。那个时候,还没有电子邮件⁷,也没有手机发短信⁸,有急事都是打电话。

"你有一封从外国寄来的挂号信¹,今天早上到的。"约翰说。

"啊,是这样。我的病还没好,今天好像又感冒了,有点儿重,想在家休息。请把挂号信¹放到我办公室⁶的桌子上,或者留⁹在你那里也行,我下

5. 系 xì: department (of a college)
6. 办公室 bàngōngshì: office
7. 电子邮件 diànzǐ yóujiàn: email
8. 发短信 fā duǎnxìn: send a text message
9. 留 liú: leave (something)

1. 外国寄来的挂号信

星期去学校时再去取。"

"好的。你好好儿休息。周末快乐!"

"谢谢。周末快乐!"

白春水把电话放下,才想起来忘了问约翰挂号信[1]是从哪个国家寄来的。学校离他家比较远,他准备星期一到学校上课的时候再去取信。现在他的病还没有完全好,他最需要的是躺在床上休息。他的太太[10]早上去上班以前,给他做了他喜欢吃的早饭,但是今天他没兴趣吃,连最爱吃的水果也不愿意吃。他不觉得饿,只觉得

10. 太太 tàitai: wife

累，身上还在疼，腿脚都不想动。他上星期到医院看医生，大夫给他开了一些药，吃了一个星期了，可是病还没有好。

他虽然躺在床上休息，但是还是想着那封挂号信¹的事。

信会是谁写的呢？是挂号¹寄来的，一定有什么重要[11]的事情吧？是什么重要[11]事情呢？……想着想着，他突然觉得，那封信应该是中国的毛步康寄来的！对，一定是毛步康！

一想到会是毛步康的来信，白春水突然忘了自己还在生病。他马上从床上爬起来，开上车就出了门，他现在就要去学校把那封信取回来。

白春水会想到那封信是毛步康寄来的，是因为几个月以前，也就是去年冬天，他给在北京的毛步康写过一封信，请毛步康帮助他在中国做一件事。因为那件事对他非常重要[11]，所以他也是用挂号信¹寄给毛步康的。

把信寄出去以后，白春水一直在等着毛步康的回信，可是几个月过去

11. 重要 zhòngyào: important

了，也没有等到。那个时候中国的电话还很少，不方便打电话给毛步康。白春水就想，"在中国打电话不方便，也很贵，寄信应该很方便很便宜吧，为什么毛步康总是不给我回信？"可是，他又觉得自己这样想有点儿好笑[12]，"毛步康跟自己是好朋友，他没有回信可能是出了什么别的问题吧，一定不会是因为没钱寄信的原因。"

半个小时以后，白春水到了学校，停好车，走进办公室[6]。约翰已经把信放在了桌子上。白春水拿起来一看，真是毛步康寄来的，是从北京寄来的！

信封[13]当然是用英文写的，但里面的信全都是用中文写的。信封[13]里面还有一张地图。有意思的是，地图上面有一个地方用红色的笔画了两个月亮，那月亮不但画得挺圆，而且挺好看。左边的那个月亮里面写着一个"月"字，右边的那个月亮里面是一个"亮"字。

---

12. 好笑 hǎoxiào: funny
13. 信封 xìnfēng: envelope

白春水看着信，慢慢地笑了起来，刚才还病着的脸上现在全都是快乐，好像病突然好了不少。不用说，一定是信里面说的什么事情让他很高兴，很愉快。

毛步康的信是这样写的：

春水：

你好！

去年冬天你寄给我的信，收到已经五个多月了。过了这么长时间才给你回信，真对不起，希望你不要生气¹⁴。

14. 生气 shēng qì: angry

1. 外国寄来的挂号信

　　我想你这几个月一定在等我的好消息，告诉你，现在好消息来了：你让我找的那个"浙江省月亮城公园路2号"已经找到了！就是地图上画了两个圆圆的月亮，还写着"月""亮"两个字的地方。

　　不过，老朋友，找到那个地方可真不容易啊。那个月亮城在浙江省东南边的一个大山里面，离大城市很远。那是个很小很小的地方，只住着几百个人，虽然名字叫"月亮城"，但真不能算是个城市，因为那个地方太小，又在大山里边，我周围的人都没听说过。从今年春天开始，我就不停地打电话，问了很多浙江的朋友，还是没有人知道。北京的图书馆和一些书店里有很多种浙江的地图，老的、新的都有，上面也都找不到月亮城这个地方。我在图书馆还看了浙江的报纸和几本介绍浙江历史的书，里面都没有说到月亮城的。我有点儿没办法了，准备一放假就坐飞机过去，自己到浙江去找。不过，浙江省那么大，到了那里以后应该在哪里找，我真是一点儿也不清楚。可是，正在我着急的时候，上个[15]星期三突然接到一个浙江朋友的来信，信里说他几天前因为工作的原因去了浙江东南边的一个大山里。大山中间有一个小地方，名字就叫月亮城，可能就是我要找的地方。那个朋友在信里还寄来一张地图，就是我现在寄给你的这张。我收到信后，马上给这个朋友打电话，请他再帮我问清楚：那个月亮城里有没有"公园路"？如果有，公园路上有没有"2号"？朋友昨天回电话说：都有！

现在好了，事儿办成了，老朋友一定很高兴吧！快去把这个好消息告诉你爷爷和你爸爸吧。他们不能来中国，你来！你是不是早点儿去办签证，6月一放假就

---

15. 上个 shàng ge: last

过来?你可以先飞到北京,来了以后我陪你去浙江。另外,这次来中国你要多住一点儿时间,因为月亮城在大山里,去那儿有点儿麻烦。我们先从北京坐飞机,只能飞到浙江的一个大城市,然后还得坐半天的火车,再坐一天的汽车才能到那里。当然,你来一次中国不容易,在北京这座有名的文化城市,你也得好好玩儿一玩儿,参观参观,特别是长城,我一定要带你去爬一爬。啊,还有啤酒[16]!那两年我们在一起喝过不少英国啤酒[16](我还记得[17]在英国第一次跟你喝啤酒[16]的时候,你的眼睛一直看着饭馆儿的那个高鼻子、蓝[18]眼睛、长得很漂亮的女服务员,哈哈!)这次你来,我会让你知道北京的啤酒[16]也不错。另外,北京的白酒也是有名的,要是你不怕的话,喝一点儿白酒会更有意思!

---

16. 啤酒 píjiǔ: beer
17. 记得 jìde: remember
18. 蓝 lán: blue

我们好久不见了，希望你能早点儿来，北京欢迎你！
　　祝你
　　一路平安！

　　　　　　　你的朋友：步康
　　　　　　　1991年4月27日

　　白春水把这封信认真地看了两遍，又看了一遍地图。他非常愉快，高兴得连手和脚都动了起来，像是要跳舞一样，身上的病好像一下子全都跑掉了。他拿起桌子上的电话，很快打到了爷爷家，"爷爷！爷爷！我是春水！浙江的月亮城找到了……"

　　给爷爷打完电话以后，白春水马上又给爸爸打了一个。爸爸太忙，现在不在公司。他让爸爸公司的人告诉爸爸，他有急事，让爸爸一回来就马上给他回电话。

　　白春水这么高兴，这么急着给爷爷和爸爸打电话，是因为找到月亮城是爷爷和爸爸天天都想着的事，那里有他的奶奶，也就是他爷爷的太太[10]、他爸爸的妈妈！当然，月亮城还有一

1. 外国寄来的挂号信

个爷爷忘不了[19]的月亮石雕[20]……

　　白春水现在觉得肚子有点儿饿了。他想，这下好了，病没了，晚饭是一定能吃得下[21]了，也许还能喝点儿酒，得给太太[10]打个电话，让她晚上做两个好吃的菜。

> Want to check your understanding of this part?
> Go to the questions on page 63.

---

19. 忘不了 wàng bu liǎo: cannot forget
20. 石雕 shídiāo: stone sculpture
21. 吃得下 chī de xià: can eat

2. 在英国时候的同学

白春水和他的中国朋友毛步康是在英国认识的。1987年，白春水从美国到英国去留学一年，他在英国的大学里遇到[22]了从中国来的留学生毛步康。白春水和毛步康不但在同一所大学，而且还在同一个数学[2]班上课。

一开始他俩不认识，第一次在数学[2]课上见面的时候，毛步康以为白春水也是中国留学生，因为他也是黄皮肤[23]和黑头发[24]，和自己的皮肤[23]、头发[24]是一样的颜色。

"喂，你好！我叫毛步康。你也是从中国来的吧？请问你贵姓？叫什么名字？"毛步康客气地对白春水说。

"你好！我叫Jack Bai。I'm from the United States. 啊，对……对不起，我是从美国来的，我的中文不太好。"

---

22. 遇到 yùdào: meet
23. 皮肤 pífū: skin
24. 头发 tóufa: hair

2. 在英国时候的同学

  白春水很长时间没有用中文说话了。他的中文真的不太好,最近几年,他只是在放假回家的时候跟爷爷说一说,别的时候很少说。现在突然听到有人用中文跟他说话,他一开始有点儿不习惯,所以回答时还是用了英语,但是,他马上就想到这样不合适,就改过来[25]了。

  "是吗?你的中文不错!你姓白,是白颜色的白吧?有中文名字吗?"

  "有,有,我的名字叫春水,春天的春,喝水的水。"

25. 改过来 gǎi guolai: change

"白春水,很好的名字。认识你很高兴!"毛步康和白春水又聊了一会儿,两个人都介绍了自己的一些情况,他们聊得很愉快。

毛步康的英语不太好,特别是数学[2]课,教授[3]讲的东西虽然不太难,但是功课常常不简单,这跟他在中国大学的情况很不一样。另外,教授[3]说的英文他也觉得比较难懂。刚到英国,跟别的同学还不太认识,他一有问题就常常问白春水,白春水也很愿意帮助他。

除了在数学[2]课上每个星期见两次面,毛步康和白春水有的时候也一起去饭馆儿吃饭,周末还一起出去玩儿。两个人的关系发展得很快,才几个星期,他们就从一般的同学变成了朋友。

又到了一个周末,毛步康打电话给白春水:"喂,春水,明天是星期六,你有没有事儿?忙不忙?"

"不忙,你有事儿吗?"

"那我们明天一起去吃中国菜怎么样?我知道一家很不错的中国饭

馆儿。"

"吃中国菜？好啊！我很久没吃中国菜了。明天什么时候？哪个饭馆儿？"

"你不忙的话，那就中午吧，吃完饭我们还可以一起玩儿一玩儿。那个饭馆儿叫明华饭馆，不太远，就在学校附近的花园路上，McDonald旁边。"

"那好，这样吧，从我这里去花园路要从你那里经过，你明天上午十一点半在宿舍等我，我开车去接你，然后我们一起去饭馆儿。"

"好，就这样，明天见！"

毛步康约白春水吃中国菜，除了觉得白春水是个很不错的朋友，想跟他在周末多聊聊，还有一个原因：他上数学[2]课听不懂的时候就问白春水，白春水帮了他很多忙。因为白春水的帮助，上个星期的考试他考得不错，得了92分。这么长时间总是麻烦白春水，毛步康觉得应该好好儿谢谢他。怎么谢呢？他想，白春水虽然是美国人，但是一定也习惯吃中国菜，请他吃中国菜应该是个不错的办法。

第二天上午，还没到十一点半，

白春水就开车到了毛步康的宿舍楼下。毛步康也已经下了楼，正站在宿舍楼前面的树下等他。毛步康坐进车里，他们很快就到了花园路上的明华饭馆。

服务员是个很年轻[26]的英国姑娘，长长的黄头发[24]，高鼻子，蓝[18]眼睛，皮肤[23]白白的，笑起来非常可爱。白春水一进门，眼睛就一直看着她。

"两位先生，坐那边的那张桌子吧，能看见外边的小河。小河旁边有一片红树，挺漂亮的，可以一边吃饭一边看看风景。"服务员小姐一边说着，一边把他们带到桌子那里。

"坐这里很好，谢谢你！"

毛步康叫白春水点菜[27]，白春水很客气，说自己不知道什么菜好吃，叫毛步康点。毛步康点了一个鱼，一个红烧牛肉[28]，一个酸辣汤[29]，还要了饺子。他觉得这些白春水都会喜欢吃。要了这么多，白春水说："够了，

26. 年轻 niánqīng: young
27. 点菜 diǎn cài: order food
28. 红烧牛肉 hóngshāo niúròu: braised beef
29. 酸辣汤 suānlàtāng: sour and spicy soup

2. 在英国时候的同学

够了,太多了。"

吃完饭,白春水说:"这个饭馆儿的菜真不错,下次³⁰我们再来,我请你!"

从那天以后,他们在一起的时间就更多了,成了好朋友。

白春水常常给毛步康讲西方的文化,对毛步康有很大的帮助。有的时候,毛步康也给白春水说一些中国的事情。虽然白春水的爷爷和爸爸从前的家也在中国,但是白春水自己没有

30. 下次 xià cì: next time

到过中国，所以对那里的情况不太了解。爷爷和爸爸多次对他说，他们的家从前在中国浙江省的一个很小的地方，名字叫月亮城。爷爷和爸爸离开那里很长时间了，中国现在是什么样子，白春水一家人除了在电视和电影里，或者在报纸、杂志上知道一些以外，别的都不清楚，月亮城的消息就知道得更少了，所以毛步康介绍中国的情况的时候，白春水总是很有兴趣。他问过毛步康很多次，知道不知道那个叫作月亮城的地方。每一次，毛步康都会摆一摆手，告诉白春水，"我没听说过"。

白春水和毛步康最轻松[31]愉快的时候是一起出去玩儿，他们玩儿的地方很多，参加的活动也不少。有的时候他们就在学校里玩儿，打一场篮球，或者踢一场足球。学校旁边有一条小河，使[32]学校变得很美。打球打累了，他们就到小河旁边找一个地方，安静地躺下聊天。

有一次，他们坐着聊天，身边飞

---

31. 轻松 qīngsōng: relaxing
32. 使 shǐ: make, cause

来几只小鸟[33]，都是黑色的。那些小鸟[33]好像累了，停在离他们不远的地方睡觉，像是陪着他们一样。

　　有空的时候白春水和毛步康也会参加一些舞会和音乐会。在舞会上，他们一边唱歌一边跳舞，非常快乐。舞会一般都在夜里，音乐会却不一样，不但夜里有，有的时候白天也有。如果是周末，他们也会骑着自行车出去玩儿，到学校附近山水很美的地方看风景，坐下或者躺在草地上聊天，讲他们以前在中国和美国的故事。当然，他们也会带些书，或者杂志、报纸，有中文的，也有英文的。他们先看，然后谈学习的经验，有的时候用英语说，练习英文；有的时候用汉语讲，练习中文。累了，他们就站起来，走走，跑跑，跳跳，玩儿一玩儿球。他们带篮球也带足球，但是最常玩儿的是踢足球。足球踢坏了，就把篮球当足球踢，他们只是为了活动活动手脚，锻炼锻炼身体，不是比赛，踢足球和踢篮球都一样。

33. 鸟 niǎo: bird

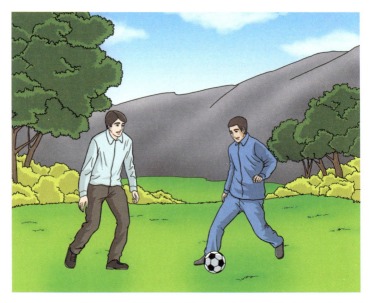

　　放假的时候,时间比较多,他们就会开车出去,跑到离学校远些的地方去旅行。

　　第一次去远的地方时,白春水问毛步康:"喂,步康,你开车开得怎么样?"

　　"我喜欢开车,不过刚学会,来英国以后虽然有进步,但是还要多练习,在高速公路[34]上开还是会有点儿紧张。你想让我试试吗?"

　　"那还是我来开吧,我已经开了很多年了。"白春水在美国就喜欢开车,

---

34. 高速公路 gāosù gōnglù: freeway

2. 在英国时候的同学

放假的时候,常常开车出去旅行。

"那就谢谢你了。不好意思!"

"没关系,咱们是朋友,就别客气了。"

英国这个地方很特别,冬天不会太冷,夏天也不会太热。但是英国的天气常常变化很大,所以,在英国旅行有的时候会给人带来特别的感受[35]。有一次,白春水和毛步康去一个地方旅行,去的时候是早上,天气还非常冷,一直到中午太阳才出来。太阳出来以后,又特别暖和,两人都觉得要脱掉衣服才行,头上的帽子[36]也不能戴了。糟糕的是,等到下午,突然下起了雪,开始还是一片一片地下,后来就越来越大。有意思的是,他们刚要回去时,太阳又出来了,天完全晴了。这样的天气,在一天的时间里就可以经过春天、夏天、秋天和冬天的变化,让旅游[37]的人觉得又头疼又有意思。

白春水和毛步康最喜欢的是练习

---

35. 感受 gǎnshòu: feel; feelings
36. 帽子 màozi: hat
37. 旅游 lǚyóu: travel

一种水下运动——潜水[38]。到了夏天，气温比较高的时候，他们就来到水边，穿上一套特别的衣服，一双看起来[39]很不方便的鞋，戴上也很特别的帽子[36]。教潜水[38]的老师先让他们在水边练习，把水里可能发生[40]的事情全部讲清楚，然后就带他们一起下水练习。在水中世界，他们像鱼一样，那原来以为非常不方便的鞋，可以帮助他们在水里东拐西拐地活动，真的太棒了。人不能像鱼一样在水里找东西，这是非常糟糕的一件事。但是，

38. 潜水 qiánshuǐ: dive
39. 看起来 kàn qǐlai: look as if
40. 发生 fāshēng: happen

2. 在英国时候的同学

有了潜水[38]这种运动,穿上这样的衣服和鞋,人在水里就变得大不一样了。

在英国学习完以后,白春水回到了美国,毛步康也很快回到了中国。从那以后,很多日子过去了,两个人已经有两年没有见面了。

毛步康翻着白春水送给他的那本英语词典,还有放在词典里的一张照片。在英国,他们一起照了好多照片,照片上的事他都记得[17]很清楚,好像是昨天才发生[40]的一样。

白春水在英国虽然很多次向毛步康说过月亮城,而且也讲过爷爷和爸爸都想来中国找月亮城、找很多年没见面的奶奶,但那只是白春水爷爷和爸爸的意思,白春水没有说过他自己会从万里以外的美国到中国找月亮城。

现在,要到中国来的是白春水自己,他爷爷和爸爸没说要来。爷爷和爸爸一定是有什么别的原因,才叫白春水来中国找月亮城的吧。

Want to check your understanding of this part?
Go to the questions on page 63.

3. 月亮城的故事

　　白春水一定要找月亮城,原因是他爷爷和爸爸以前的家就在那里,月亮城公园路2号,他的奶奶黄雨晴可能还在那里住着,爷爷五十多年以前还在那里留[9]下了一块石雕[20],那石雕[20]里面放着很多金子[41]。

　　白春水在英国的时候没有跟毛步康说过自己要去中国找月亮城,因为,以前爷爷和爸爸都想自己去做这件事,他们已经很久没有奶奶的消息了,他们都很想她。1979年以前,爷爷和爸爸很难得到中国的消息。1979年以后,爷爷和爸爸写过好几次信到月亮城,但都没有什么结果,不知道家里的人是死了还是跑到别的什么地方了。一句话,寄出去的信没有任何结果。时间把爷爷变老了,爷爷自己去不了中国了。爸爸虽然身体还好,

41. 金子 jīnzi: gold

3. 月亮城的故事

但是公司里的事情特别多,没有时间去中国,所以,找月亮城的事就让白春水来办。那个时候已经是1990年的冬天了。白春水这一年办不了这件事,最快也要到第二年才能去,为了先有个准备,他就给毛步康写了那封信,请毛步康先帮忙找到那个地方,然后自己再去中国。

白家[42]在月亮城的历史很长,白春水的爷爷白秋树从小就生活在那座城里。

月亮城真的不能算是个城市,只能算一个很大的村庄[43]。它在大山里面,人很少。不过这个地方的房子盖[44]得很特别,连在一起,围[45]成了一个圆,像月亮一样,东南西北开了四个门,所以很像一座城,大家就叫它月亮城。月亮城里的路虽然都不长,但是差不多都有名字,公园路就是里面最长的一条。

月亮城有很长的历史,那里的丝

---

42. 白家 Bái jiā: the Bai family
43. 村庄 cūnzhuāng: village
44. 盖 gài: build
45. 围 wéi: circle, surround

绸[46]非常有名，用丝绸[46]做的衣服穿在身上很轻，非常舒服，又漂亮又好看。丝绸[46]很贵，但是卖得很远，从南边向北边卖，有一条路可以一直卖到国外。白春水家就是靠买卖丝绸[46]变得有钱的。到白秋树父亲的时候，就在上海开了几个大商店。买卖[47]一直都很好，那几个大商店的房子都是他们家买的，不需要房租。白秋树的父亲老了以后，就回到了月亮城，他

46. 丝绸 sīchóu: silk

把买卖[47]留[9]给了白秋树。白秋树有一个叔叔，买卖[47]也可以留[9]给他，但是他对做买卖[47]没有兴趣，就去做别的事情了。而且他离开月亮城已经很多年了，一直到现在都没有他的消息。好在[48]白秋树是一个很会做买卖[47]的人，他父亲对他非常放心。月亮城外还有一片菜园子[49]需要人照看，从前在月亮城照看那片园子[49]的人是白秋树的太太[10]，她的名字叫黄雨晴。白秋树的父亲回来以后，可以照看那片园子[49]，黄雨晴就带着孩子白明天从月亮城到了上海，和白秋树在一起。

　　月亮城是一个风景很美的地方。它不太大，但是非常漂亮，路也很干净。石头[50]铺[51]的一条大路从东到西，和一个小公园连在一起，所以这条路的名字就叫公园路。公园路是月亮城最棒最漂亮的地方，南边和北边有很多的商店。公园路上的人很多，有男的、也有女的，有老的、也有年轻[26]

47. 买卖 mǎimai: business
48. 好在 hǎozài: luckily
49. 园子 yuánzi: garden
50. 石头 shítou: stone
51. 铺 pū: pave

的，这么多人走在一条路上，穿着不同颜色的衣服，有白的、黑的，还有红的、黄的，所以公园路的风景就非常特别了。

5　　白家[42]住在公园路2号。这是一座很老的房子，房子里面有很多的房间。白家[42]房子对面[52]就是商店，门口就是公园路。他家的门跟别人家的有点儿不一样，是石头[50]做的，有很多的石雕[20]。进门再往里面走就是客厅。客厅在房子的正中间，摆着一张

52. 对面 duìmiàn: opposite side

28

桌子，还有四个椅子。这里是白家[42]接待[53]客人的地方，家里需要请客的时候也作餐厅用。客厅从东向西，左边右边都有门，跟别的房间连着。这座房子的房间很多，有放东西的，有厨房，也有睡觉的卧室。家里请来打工[54]的人也有宿舍，但是他们的宿舍比较简单，离厨房比较近。除了客厅、厨房和宿舍以外，别的房间都在楼上。厕所一般都不在房子里边，这是中国房子的一个习惯，中国人认为厕所在房间里会很脏，不合适。

白秋树的卧室在东边，卧室里除了一张床，一张桌子和几把椅子等一些生活需要用的东西以外，没有任何特别的东西。不过，卧室的地上铺[51]着一块儿一块儿的石头[50]，而且还有一块儿石头[50]上雕着圆圆的月亮，这一点和别的房间不同。"月亮"是一个很美的名字，那块雕着月亮的石头[50]，雕得很细，就铺[51]在白秋树床下的地上。

1931年新年快要到的时候，白秋

---

53. 接待 jiēdài: host (guests)
54. 打工 dǎ gōng: do temporary work

树和一个姑娘成了家[55],这个姑娘就是黄雨晴。1932年他们生下了第一个孩子,是一个男孩儿,那个男孩儿就是白春水的父亲,名字叫白明天。

在那个房子里,白秋树和黄雨晴还生下了另外一个孩子,她是他们的女儿,白明天的妹妹。1937年8月13日,那个孩子死在上海,不过她不是病死的,是被飞机炸[56]死的。那年,白家[42]在上海的商店也被飞机炸[56]掉了一部分。从那以后,白秋树就让黄雨晴带着儿子白明天回到了月亮城。白秋树的两个孩子只有白明天一个人了,需要到更安全[57]的地方去,白明天和妈妈就这样一起回到月亮城,在那里读完小学和中学。

没有被炸[56]掉的商店,白秋树大部分都卖了,只留[9]下一个。那个时候还没有人民币,美元也不好换,白秋树就想办法把卖商店的钱换成了金子[41]。白秋树想把这些金子[41]捐[58]给自己的国家。从那个时候起,白秋树的生活有

---

55. 成家 chéng jiā: get married
56. 炸 zhà: blow up, blast
57. 安全 ānquán: safe
58. 捐 juān: donate

了很大的变化。他也像他离开家的叔叔一样，突然没有了做买卖[47]的兴趣。报纸上总会有让人不愉快的坏消息，国家糟糕极了。国家这么糟糕，自己还能做得好买卖[47]吗？国家都快没了，要钱有什么意思呢？把钱捐[58]给国家吧！但是<u>白秋树</u>没有找到他放心和合适的机会，只好先把那些金子[41]放在家里，等有合适的机会再做决定。

　　但是，世界那么乱！金子[41]留[9]在什么地方才能不被人发现呢？<u>白秋树</u>

想了一个办法，他回到月亮城，和黄雨晴一起，把自己房间里的那块月亮石雕[20]中间凿[59]空，再把金子[41]装在里面，然后铺[51]在地上，检查了一遍又一遍，一直到他们认为再也没有什么地方会让人注意了才停下。

白秋树又回到了上海。

1948年的冬天，白秋树放下手里的买卖[47]，回到月亮城，和太太[10]、孩子在一起住了很长时间。他认为黄雨晴一个人在月亮城，照看那一片园子[49]和孩子，是一件挺不容易的事情，现在自己有空儿回到月亮城，就要好好儿陪陪太太[10]。那个时候他的孩子白明天也已经长大了。白秋树离开月亮城以前，对黄雨晴说："孩子不应该再在月亮城了，月亮城的世界太小，孩子应该走出月亮城，或者上大学，或者学着做点儿别的事情。"白明天就这样被父亲带走了，又一次离开月亮城，来到上海。

但是糟糕的事情还没有完。

1949年春夏，上海的情况越来越

---

59. 凿 záo: chisel or dig

急，越来越乱。白秋树听别人说不能再留⁹在上海了，他想回月亮城，但是也不可能了，就只好带着白明天离开上海，到了台湾。因为情况很急，他连告诉家人自己和孩子到哪里去了的机会都没有。月亮城虽然还有黄雨晴，但是有什么办法呢？黄雨晴只能留⁹在那里，月亮石雕[20]也没有办法带走。

    白秋树哪里会想到，1949年离开上海以后，一直都没能再回去。他先是去了台湾，后来又去了美国。白秋树没有哪一天不想着回中国。1979年以后，他给黄雨晴、给月亮城的人写过不少的信，但是寄出去的信像被大风吹跑了一样，一点儿消息都没有。后来，他就不写信了，他知道靠写信是做不好那些事情的，只有去中国，才有可能把那些事情做好。

Want to check your understanding of this part?
Go to the questions on page 64.

4. 他们以为找到了月亮城

很快,毛步康收到了白春水的回信。

白春水在信里告诉毛步康:他已经做好去中国的准备,办好护照签证,收拾好行李,也到银行把美元换成了人民币,连机票都已经买好了,就是明天的飞机,北京时间应该是后天。第一站就到北京,坐中国航空公司的飞机,到中国大概需要13个小时。在信中,白春水不但告诉了毛步康他起飞[60]的时间,而且还要毛步康别忘了,他是从世界的西边往东边跑,到中国应该是北京的什么时间,他请毛步康认真算一下,一定要到机场接他,时间上别出错[61]。白春水还在信中又对毛步康说了一次"谢谢"。

北京时间,1991年7月28号,毛步康手里拿着好看的花儿,穿着漂亮

---

60. 起飞 qǐfēi: (airplane) take off
61. 出错 chū cuò: make mistakes

4. 他们以为找到了月亮城

的衣服,和他的太太[10]一起,在<u>北京</u>机场等着<u>白春水</u>来北京。因为怕出错[61],他们来得很早,飞机还没有到,他们就在机场里面等着了,眼睛不停地看着手上戴的表。北京时间15时30分,<u>中国航空公司</u>的飞机慢慢地在机场上停了下来。

　　<u>毛步康</u>远远地看见了老同学,就举起手中的花儿,不停地摆,脸上挂着笑,大声[62]地叫:"<u>春水</u>,<u>春水</u>,我在这儿呢,我在这里!"

62. 大声 dàshēng: loudly

白春水远远地也看见了毛步康，他笑着，提着简单的行李。检查很快就过去了，白春水很快地走了出来，就向毛步康跑过来。这一对老朋友又见面了。

毛步康和他的太太[10]把白春水接到家里。为了欢迎白春水，他们请了很多人来家里陪。毛步康的爸爸、妈妈，还有他的姐姐，毛步康的姐姐还带着她的两个孩子，一个是男孩儿，一个是女孩儿，他俩还把自己的女朋友和男朋友都带来了。

毛步康家的客厅里摆着一张特别大的圆桌子，大家坐在桌子的周围，陪着远路来的白春水。桌上摆着的全部都是白春水喜欢吃的菜。晚饭开始了，大家第一杯酒是陪白春水喝的，陪白春水喝完一杯酒以后，大家就你陪我一杯，我陪你一杯。喝完酒就吃北京人喜欢吃的饺子，最后还上了水果，水果中苹果最多。白春水说，他已经好长时间没吃过这么好吃的晚饭了。

白春水和毛步康在信上就约好了，到中国来，先在北京见面，然后

4. 他们以为找到了月亮城

在北京玩儿一玩儿。所以,白春水在北京玩儿了好几天。那几天,毛步康陪白春水看北京的风景,爬中国的长城……玩儿够了,才坐飞机到浙江省的一个比较大的城市,然后坐了半天的火车,又换了公共汽车,去了月亮城。

他们到了月亮城,也找到了公园路2号。白春水拿出了爷爷和爸爸给他的一些照片。那些照片是从前留[9]下的,颜色已经变黄了,非常旧,但是,公园路和公园路2号的样子都非常清楚。照片上的公园路2号是一座老房子,大门旁边"公园路2号"的字也非常清楚。可是,跟现在他们看到的情况不一样。

"这是怎么一回事呀?"白春水问毛步康。

"这……"毛步康回答不上来。

他们站在那里说不出话来。

找到了月亮城,应该是一件非常高兴的事情,可是,在白春水把照片和现在的情况做了比较以后,让人不能相信的事情摆在了他们的面前[63]:

---

63. 面前 miànqián: in (the) face of

现在的月亮城是一座新的城市，虽然不是很大，也很漂亮，可是一切都和照片上的不一样。

他们找到的公园路2号是一座学校，教室的门差不多都关着，门上面挂着×年级×班，老师和学生正在教室里上课。

等了很长时间才下课，白春水和毛步康马上就去问老师，他们想了解这个地方原来的样子。

"请问，这地方原来是不是有一座非常老的房子，后来才在这里盖[44]了学校？"他们问。

4. 他们以为找到了月亮城

"这地方和它附近,原来没有房子,是一座山,山上全都是树,后来才盖44了学校。"老师们不停地说着这里、那里原来是什么样子。

听了这些回答,白春水和毛步康你看我,我看你,他们问自己:"这个月亮城不是我们要找的月亮城吗?"

要是那样的话,找月亮城的事,还得从头开始。

这个时候,白春水觉得,从前没有把那些月亮城的老照片寄给毛步康是不对的,因为没有那些照片,毛步康才会在找月亮城的时候出问题,结果白64忙了。毛步康更是觉得没把这件事情做好,他花了那么长时间,请那么多人帮忙,以为找到了月亮城,可是月亮城突然变了样子。他原来还认为自己做这件事是非常认真的,一点儿也没马虎,可是,现在的结果像是开了一个玩笑一样。毛步康觉得非常对不起白春水,真是太不好意思了!

但是毛步康很快又这样想:这件事情应该是不会错的呀,浙江省只有

---

64. 白 bái: in vain

这一个地方叫月亮城，而且这个月亮城真的有一条公园路，白春水要找的地方不是这里还能是哪里呢？

问题是，现在该怎么办呢？

白春水和毛步康只好把老照片拿在手里，一个一个地问别人知道不知道照片上的这个地方。他们问了好多人，可是被问的人差不多回答都一样："不知道。""不清楚。""没有见过这地方！"

就在他们觉得没有希望的时候，有人对他们说："这样的事情，你们应该去问旅行公司或者导游小姐吧，他们会清楚这些事情。"

旅行公司的人，还有导游小姐，对白春水和毛步康提出[65]的这个问题都非常有兴趣，但是，他们的回答让白春水和毛步康好像在听故事一样。

"你们要找的月亮城，应该在离这里比较远的月亮湖[66]里，你们应该到那里去找。"

"怎么会变成这样呢？"白春水和毛步康完全不知道这里面的原因。

---

65. 提出 tíchū: raise (a question)
66. 湖 hú: lake

4. 他们以为找到了月亮城

"到了那里你们就知道了。"导游小姐笑着说。

Want to check your understanding of this part?
Go to the questions on page 64.

5. 房子里的石雕[20]不见了

白春水和毛步康离开了现在的月亮城，来到了月亮湖[66]。他们了解到，原来月亮湖[63]里面真的有一座月亮城。

月亮城一开始不是在月亮湖[66]里面，它在大山里，后来国家决定在那里修[67]一个湖[66]，1958年湖[66]修[67]好了，河里的水流进来，慢慢地，把一座有着1,800年历史的月亮城装进了月亮湖[66]的肚子里。月亮城的人搬到了新家，也就是现在的新月亮城，但是很多街道还用原来的名字。"奶奶一定也搬进了新的月亮城"。白春水很想快一点儿找到他还从来没见过面的奶奶。

月亮湖[66]的风景真是美极了，白春水到中国来还是第一次看到这么漂亮的地方。大大小小的山，好像是从水里长出来的一样，东一座，西一

67. 修 xiū: build

座，山上长了好多树，有的开着花儿，有的结着果。山的周围是绿颜色的水，水面上有好多鸟[33]，有黑颜色的，也有白颜色的，那些鸟[33]不停地叫，吵得很，一会儿停在水上面，一会儿往上飞，一会儿向下飞，像是跳舞，又像唱歌。

现在，让白春水和毛步康觉得头疼的是，怎样才能走进月亮湖[66]。游泳吗？现在是夏天，气温是比较合适的，但是，游泳只能在水的上面，月亮湖[66]的水很深，要想找到月亮城，需要到很深的水里去。要到很深的水里，只有一个办法，就是潜水[38]。潜水[38]要穿潜水[38]的衣服。到哪里去找潜水[38]的衣服呢？导游说："旅行公司的旅游[37]活动里就有潜水[38]这种运动，有的导游还可以当潜水[38]老师，他们可以带你们一起进去，在水里照顾你们。"白春水和毛步康很高兴，没想到从前两个人在英国一起学习潜水[38]，几年后的今天，两个人又会一起在中国潜水[38]。

白春水和两个导游一起进去，到月亮湖[66]的深水里，去找公园路2号，找月亮石雕[20]。

　　他们是在中午进去的，因为中午气温比较高，水不那么凉，大山里面的湖[66]水，上午和下午都比较凉。

5　　白春水和毛步康还有两位导游老师，在水边先脱下自己穿的衬衫和裤子，再穿上潜水[38]的衣服，戴上潜水[38]

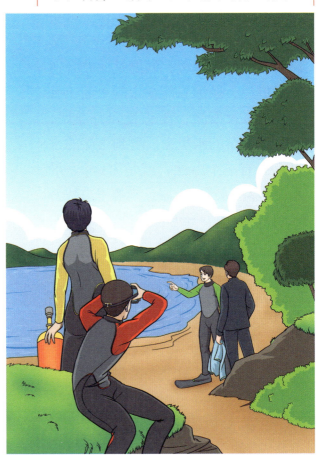

5. 房子里的石雕不见了

的帽子[36]，四个人手拉[68]手，下到了<u>月亮湖</u>[66]里。水里有很多<u>鱼</u>，大的小的，一队一队的，从他们的旁边经过，好像也在找着什么一样，一会儿向左，一会儿向右，有的时候向上，有的时候向下，左拐，右拐，找了一遍又一遍。<u>白春水</u>和<u>毛步康</u>也学着鱼的样子，在水里到处[69]找。他们找了很长时间，才看到房子一样的东西，然后就慢慢地靠过去，靠近了，认真一看，才看清楚那个像房子一样的东西，中间好像还有一个门，会不会是城门[70]呢？拿灯一照[71]，真的是一座城门[70]！城门[70]很高，两边像长城一样，有的地方已经坏了，还有一些地方都快倒了。他们在城门[70]口上努力地找，找着找着，就高兴起来，因为他们真的找到了城门[70]上的几个字"<u>月亮城东门</u>"。

　　找到月亮城的城门[70]以后，他们想：公园路是月亮城最有名的一条路，西边连着公园，现在东边的城门[70]

---

68. 拉 lā: hold (hands)
69. 到处 dàochù: everywhere
70. 城门 chéngmén: city gate
71. 照 zhào: light up

就在他们的脚下，他们应该已经在公园路的东路口了。要是那样的话，只要从城门[70]口向里找，应该很快就能找到公园路2号。结果真的是这样，他们找到了一座房子，停在门口，门口有好多的石雕[20]，门上面写着"公园路2号"。

现在，需要进去找白秋树先生原来的卧室。那座房子的门不知道是从哪年哪月开始就关着，怎么进去？他们想，像这样很老的房子上面应该有天井[72]，可以从天井[72]进去，四个人一起从天井[72]进去了！

白秋树先生原来的卧室大概在哪里，白春水知道一些。因为，白春水来中国以前，父亲给了他很多公园路2号房子的照片，还画过一张白秋树卧室的画儿。那张画儿是白秋树先生自己画的，他给了自己的孩子白明天，白明天又给了自己的孩子白春水。白秋树先生卧室里的那块石雕[20]在哪里，画儿上也画得很清楚，白春水也记得[17]很清楚，而且，潜水[38]前白春水还拿出来复习了一下，毛步康也

72. 天井 tiānjǐng: courtyard

看了好几遍。大家认真地找着<u>白秋树</u>的卧室,找了很长时间,<u>白春水</u>突然高兴地向大家摆手:卧室找到了!连爷爷和奶奶睡觉的那张床都在里边!

月亮石雕[20]铺[51]在床下面,四个人把床搬走以后才发现:月亮石雕[20]不见了!

他们用了很长的时间,在水里继续找,但是,努力没有任何结果,他们只好从水里出来。虽然水下活动让他们累得不轻,可是,他们总还是想着那块月亮石雕[20]。

> Want to check your understanding of this part?
> Go to the questions on page 65.

6. 月亮石雕[20]的一次旅行

找到的东西又飞了,这是一件多么糟糕的事呀!月亮石雕[20]跑到哪里去了呢?

白春水和毛步康你看着我,我看着你,差不多同时问:"那块月亮石雕[20]是什么时候不见的呢?是什么人把它搬走了?"

听说月亮湖[66]里的月亮城在他们以前没有人进去过,所以石雕[20]不可能是在修[67]月亮湖[66]以后被搬走的。修[67]月亮湖[66]以前房子里应该有人住,很可能是最后在房子里生活的人搬走了它!可是房子里生活的人又怎么知道月亮石雕[20]铺[51]在那里呢?那一块石雕[20]铺[51]在白秋树卧室的床下,除了已经离开的白秋树以外,只有一个人知道,那就是白秋树的太太[10]、白春水的奶奶黄雨晴!如果是这样的话,那就是说修[67]月亮湖[66]以前黄雨晴还活着，而且是她在修[67]月亮湖[66]以前把石雕[20]搬走了。这不是没有可能的，因为那个时候黄雨晴也不过60岁。现在需要找到最后在公园路2号生活的人，只有找到那个人，才可能找到奶奶黄雨晴，找到月亮石雕[20]。

　　白春水和毛步康又回到新的月亮城，他们认为，只有在那里才有可能了解到月亮城从前的事情。

　　他们在新月亮城问了一些以前从老月亮城搬来的人。那些人中间，有人还能清楚地说出自己原来生活过的月亮城是什么样子，而且，他们还说从前住在月亮城的人搬到哪里去了，全部都有记录[73]。

　　毛步康和白春水找到了月亮城搬家的记录[73]。有一份记录[73]上是这样写的：公园路2号，黄雨晴、白雪，女，搬到新月亮城公园路108号……

　　这是一个让白春水非常高兴的消息，因为，他的奶奶黄雨晴真的就是月亮城公园路2号老房子里最后生活的人，而且，她现在就生活在这座城市里！

73. 记录 jìlù: record

他们花了几块钱,坐着一辆出租车,去找公园路108号。到了108号的门口,白春水去叫门,门开了,他一

下子紧张起来,因为开门的是一位阿姨,看上去⁷⁴四十多岁。

白春水很急地说:"这不是奶奶!奶奶应该是快八十岁的人了。我虽然没有见过奶奶,但是奶奶不可能是这个样子。"

白春水相信面前⁶³这位阿姨不是奶奶,但是,他又觉得这位阿姨好像

74. 看上去 kàn shàngqu: look as if

在什么地方见过一样。站在一边的毛步康突然发现白春水和这位阿姨有一些地方长得很像，特别是鼻子和嘴，还有眼睛。

"阿姨，请问您贵姓？"白春水问。

"我叫白雨晴，请问你找谁？"阿姨回答。

这个回答不是白春水想听到的，但也让他想得更多，"她不是奶奶黄雨晴，为什么又和奶奶有着一样的名字呢？而且还和自己一样也姓白？"

白春水就问："阿姨，您认识黄雨晴吗？"

白雨晴也有一些紧张，她问："你们为什么要找黄雨晴？你们是她什么人？"

毛步康很快地回答："阿姨，他叫白春水，他从美国来，要找他的奶奶！"

"从美国来？他叫白春水？"这个回答也不是白雨晴想听到的。每一个白天和黑夜，她都希望有人来，而且说他是从台湾来的，她等这个回答等了几十年。面前[63]的这个人不是从台湾来的，可是，他为什么也姓白呢？

"你姓白，那你知道白秋树和白明天吗？"她问白春水，虽然连她自己都觉得这不太可能，像是在开玩笑，但是还是想问。

"他们是我的爷爷和爸爸！"白春水高兴地回答。

白雨晴突然间说不出话来，泪水[75]不停地流下来……

"你叫什么名字？我是你的姑姑[76]呀！"

"姑姑[76]？我爷爷和爸爸从来[77]没说我还有一个姑姑[76]呀！"

白雨晴说："这是一个很长的故事。这个故事和白家[42]的历史有关系，你们先进家里来，听我慢慢地讲给你们听。"

"1948年冬天，爸爸从上海回到月亮城看妈妈和哥哥，在家住了很长时间，就是那个时候妈妈有了我，但是爸爸不知道这件事。爸爸和哥哥离家一个多月就没有消息了，后来听人说

---

75. 泪水 lèishuǐ: tears
76. 姑姑 gūgu: aunt on father's side
77. 从来 cónglái: ever

他们可能是去了台湾。第二年妈妈生下了我,我的名字叫白雪。没有了爸爸,妈妈和我在月亮城的生活非常难,靠做点儿小买卖⁴⁷生活,钱不够花,有的时候还要借钱过日子。

我很小的时候,不知道谁是我的爸爸,妈妈不但不告诉我,而且有五六年的时间她连问都不让我问这个问题。后来我就再也不问了,慢慢地习惯了我们两个人的日子。我们家的房子一开始做了小学,后来又还给了我们。修⁶⁷月亮湖⁶⁶以前,妈妈带我搬到了现在这个地方，那个时候我才9岁。全城的人都想办法先把家里的一些很贵的东西搬走，但是，妈妈先搬走的是卧室里的一块石雕[20]，那石雕[20]上雕着好看的月亮。为了不让别人知道，妈妈想了一个不错的办法，她把衣服和碗这些东西放在石雕[20]的上面，让别人以为我们搬的是一些旧东西和衣服。在妈妈看来[78]，没有什么比月亮石雕[20]更重要[11]的了。后来，妈妈一天一天地老了，才把月亮石雕[20]的故事讲给我听。妈妈快要死以前还让我把名字改一下，改成和她一样的名字。女儿和妈妈名字一样，在中国虽然有一点儿不合适，但是，以后要是有人回来找，就会容易一些，会少很多麻烦……"白雨晴停了停，看着白春水和毛步康，最后高兴地说："我这个白雪就是这样变成了白雨晴。"

"姑姑[76]！"白春水大声[62]叫着。

"春水！"白雨晴抱[79]着春水哭了起来。

"姑姑[76]，现在好了，我找到了

---

78. 看来 kànlái: seem
79. 抱 bào: hug

你，你就可以和爷爷——您的爸爸，和我的爸爸——您的哥哥见面了！"

然后，白春水也把白家[42]从台湾到美国的故事讲给白雨晴听，这些事白雨晴完全不知道。

白雨晴问："你的爷爷和爸爸他们都好吗？"

"他们都很好。不过爷爷老了，我和爸爸都很忙，爷爷总是打电话叫我们去跟他一起吃饭。要是他知道还有一个女儿，要是你能去看看他，不知道他会高兴成什么样子呢！真是太好了！"

白雨晴笑了，她非常高兴，她想马上到爸爸和哥哥的身边！

这个时候，白春水拿出了他从美国带来的那些老照片给白雨晴看。白雨晴看到那张月亮石雕[20]的照片时，就让白春水去看一样东西。那东西用很大一块红色的丝绸[46]包着，一层又一层。她把红色的丝绸[46]拿掉以后，面前[63]出现的就是和照片上一个样子的月亮石雕[20]！

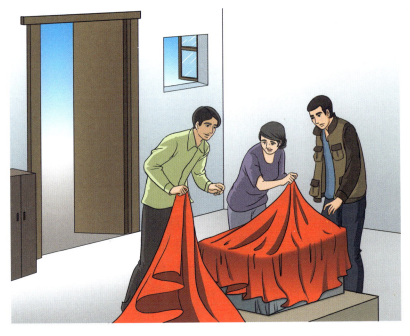

　　白春水高兴地说：“姑姑[76]，谢谢您！我这次真的找到了月亮石雕[20]！这是爷爷和爸爸很多年想做到的事啊！”

5　　那个时候还没有手机，更没有电脑，没办法上网，大家只好都到邮局去，那里不但可以打中国的电话，也可以打美国的电话。

　　白雨晴在邮局给上大学的儿子打了电话，要求他快点儿回家，和美国10　来的家人见面。

6. 月亮石雕的一次旅行

白春水在邮局给美国的家人打了电话，把找到了月亮城和姑姑[76]白雨晴的事情告诉了爷爷和爸爸，然后把电话给了姑姑[76]白雨晴。白雨晴先和爸爸说，再和哥哥说，等了几十年了，爸爸和哥哥从来[77]都没有和她说过话呀！

白春水一家人在电话里聊着，聊得最多的是白春水的奶奶想白春水的爷爷和爸爸、白春水的爷爷和爸爸想白春水奶奶的事……最后聊到了月亮石雕[20]。白雨晴认为应该让白春水把石雕[20]带到美国去，这么多年，她和妈妈等的就是这一天，应该把月亮石雕[20]和石雕[20]里的金子[41]给爸爸和哥哥。白明天认为还是应该把它留[9]在中国，留[9]在妹妹的身边，因为妹妹和妈妈为了留[9]住这个石雕[20]太不容易了。最后的决定是白秋树先生做出来的：把月亮石雕[20]送回月亮湖[66]里的老房子，放回原来的地方。因为月亮石雕[20]是月亮城的文物[80]，是月亮城的一部分，它应该回到原来的地方。石雕[20]

---

80. 文物 wénwù: cultural relic

里的金子⁴¹留⁹给白雨晴，希望白雨晴把这些钱捐⁵⁸给国家，用在月亮城的发展上。

　　爷爷和爸爸很想姑姑⁷⁶，他们希望姑姑⁷⁶能很快去美国看看。

　　白春水马上帮助姑姑⁷⁶办去美国的事。办好姑姑⁷⁶去美国的事，暑假也快要过去了。

　　白春水和姑姑⁷⁶回美国前，来到奶奶的墓⁸¹前，用红色的丝绸⁴⁶包了一

81. 墓 mù: tomb

6. 月亮石雕的一次旅行

包土[82]。他们要把它带到美国去,带到爷爷和爸爸的身边,因为爷爷和爸爸离开这里的时间已经太久太久了……

> Want to check your understanding of this part?
> Go to the questions on page 65.

> To check your vocabulary of this reader,
> go to the questions on page 66.

> To check your global understanding of this reader,
> go to the questions on page 67.

---

82. 土 tǔ: soil

生词表
Vocabulary list

1	挂号信	guàhàoxìn	a register letter
2	数学	shùxué	mathematics
3	教授	jiàoshòu	professor
4	响	xiǎng	ring
5	系	xì	department (of a college)
6	办公室	bàngōngshì	office
7	电子邮件	diànzǐ yóujiàn	email
8	发短信	fā duǎnxìn	send a text message
9	留	liú	leave (something)
10	太太	tàitai	wife
11	重要	zhòngyào	important
12	好笑	hǎoxiào	funny
13	信封	xìnfēng	envelope
14	生气	shēng qì	angry
15	上个	shàng ge	last
16	啤酒	píjiǔ	beer
17	记得	jìde	remember
18	蓝	lán	blue
19	忘不了	wàng bu liǎo	cannot forget
20	石雕	shídiāo	stone sculpture
21	吃得下	chī de xià	can eat
22	遇到	yùdào	meet
23	皮肤	pífū	skin
24	头发	tóufa	hair
25	改过来	gǎi guolai	change
26	年轻	niánqīng	young

生词表

27	点菜	diǎn cài	order food
28	红烧牛肉	hóngshāo niúròu	braised beef
29	酸辣汤	suānlàtāng	sour and spicy soup
30	下次	xià cì	next time
31	轻松	qīngsōng	relaxing
32	使	shǐ	make, cause
33	鸟	niǎo	bird
34	高速公路	gāosù gōnglù	freeway
35	感受	gǎnshòu	feel; feelings
36	帽子	màozi	hat
37	旅游	lǚyóu	travel
38	潜水	qiánshuǐ	dive
39	看起来	kàn qilai	look as if
40	发生	fāshēng	happen
41	金子	jīnzi	gold
42	白家	Bái jiā	the Bai family
43	村庄	cūnzhuāng	village
44	盖	gài	build
45	围	wéi	circle, surround
46	丝绸	sīchóu	silk
47	买卖	mǎimai	business
48	好在	hǎozài	luckily
49	园子	yuánzi	garden
50	石头	shítou	stone
51	铺	pū	pave
52	对面	duìmiàn	opposite side
53	接待	jiēdài	host (guests)
54	打工	dǎ gōng	do temporary work
55	成家	chéng jiā	get married

56	炸	zhà	blow up, blast
57	安全	ānquán	safe
58	捐	juān	donate
59	凿	záo	chisel or dig
60	起飞	qǐfēi	(airplane) take off
61	出错	chū cuò	make mistakes
62	大声	dàshēng	loudly
63	面前	miànqián	in (the) face of
64	白	bái	in vain
65	提出	tíchū	raise (a question)
66	湖	hú	lake
67	修	xiū	build
68	拉	lā	hold (hands)
69	到处	dàochù	everywhere
70	城门	chéngmén	city gate
71	照	zhào	light up
72	天井	tiānjǐng	courtyard
73	记录	jìlù	record
74	看上去	kàn shàngqu	look as if
75	泪水	lèishuǐ	tears
76	姑姑	gūgu	aunt on father's side
77	从来	cónglái	ever
78	看来	kànlái	seem
79	抱	bào	hug
80	文物	wénwù	cultural relic
81	墓	mù	tomb
82	土	tǔ	soil

练 习
Exercises

1. **外国寄来的挂号信[1]**

    根据故事选择正确答案。Select the correct answer for each of the questions.

    (1) 白春水为什么没去上班？因为
     a. 他生病了　　b. 放暑假了　　c. 他家里有事
    (2) 那封给白春水的挂号信[1]是谁寄的？
     a. 杰克　　　　b. 毛步康　　　c. 约翰
    (3) 这封信请白春水去什么地方？
     a. 英国　　　　b. 中国
    (4) 月亮城在哪里？
     a. 加州　　　　b. 浙江

2. **在英国时候的同学**

    根据故事选择正确答案。Select the correct answer for each of the questions.

    (1) 为什么毛步康以为白春水是中国留学生？因为他
     a. 说中文　　　b. 也是黄皮肤[23]，黑头发[24]
    (2) 毛步康为什么请白春水吃中国菜？因为他想
     a. 谢谢白春水帮他学习数学[2]
     b. 请白春水帮他学习数学[2]
    (3) 毛步康知道白春水在中国的老家吗？
     a. 不知道　　　b. 知道
    (4) 在英国学习完了以后，毛步康到了哪里？
     a. 中国　　　　b. 美国

3. 月亮城的故事

根据故事选择正确答案。Select the correct answer for each of the questions.

(1) 白秋树和白明天是
   a. 爷爷和孙子　　b. 爸爸和儿子

(2) 白秋树和白春水是
   a. 爷爷和孙子　　b. 爸爸和儿子

(3) 黄雨晴是白秋树的
   a. 太太[10]　　　b. 妈妈　　　　c. 奶奶

(4) 白秋树的第一个女儿是怎么死的?
   a. 生病死的　　　b. 被炸[56]死的

(5) 白家[42]是做什么买卖[47]的?
   a. 丝绸[46]　　　b. 金子[41]

(6) 白秋树把金子[41]放在哪里了?
   a. 上海　　　　　b. 月亮城

(7) 白秋树和谁去了台湾?
   a. 白明天　　　b. 黄雨晴　　　c. 白明天和黄雨晴

4. 他们以为找到了月亮城

根据故事选择正确答案。Select the correct answer for each of the questions.

(1) 白春水在中国的第一站是哪里?
   a. 上海　　　　　b. 北京

(2) 他们找到的公园路2号是
   a. 一所学校　　b. 一所图书馆　　c. 一所公园

(3) 旅行公司告诉他们要去哪里找月亮城?
   a. 月亮湖[66]　　b. 月亮山

5. 房子里的石雕[20]不见了

下面的说法哪个对,哪个错? Mark the correct ones with "T" and incorrect ones with "F".

(1) 月亮城在月亮湖[66]的上边。　　　　　　（　）
(2) 只有潜水[38]才可以进到月亮城里边。　　（　）
(3) 他们找到了白秋树先生的卧室。　　　　（　）

6. 月亮石雕[20]的一次旅行

下面的说法哪个对,哪个错? Mark the correct ones with "T" and incorrect ones with "F".

(1) 白雨晴是白明天的姐姐。　　　　　　　（　）
(2) 白秋树不知道自己还有一个女儿。　　　（　）
(3) 白家[42]决定把月亮石雕[20]送回月亮城。　（　）
(4) 白秋树和白明天要回中国看白雨晴。　　（　）

词汇练习 Vocabulary exercises

选词填空 Fill in each blank with the most appropriate word.

1. a. 健康　　　b. 寄　　　c. 参观　　　d. 留学　　　e. 习惯
(1) 毛步康给白春水_____了一封信。
(2) 白春水的身体一直很_____。
(3) 突然听到有人用中文跟他说话,白春水一开始有点儿不_____。
(4) 毛步康请白春水好好儿_____一下北京城。
(5) 1987年,白春水从美国到英国去_____一年。

2. a. 麻烦　　　b. 紧张　　　c. 糟糕　　　d. 结果　　　e. 消息
(1) 因为总是_____白春水,所以毛步康想请他吃饭。
(2) 白春水他们在水里找了很长时间,但是没有任何_____,月亮石雕[20]不见了!
(3) 毛步康在高速公路[34]上开车有点儿_____。
(4) 白秋树的叔叔离开月亮城已经很多年了,一直都没有他的_____。
(5) 人不能像鱼一样在水里找东西,这是非常_____的一件事。

3. a. 检查　　　b. 离开　　　c. 了解　　　d. 凉　　　e. 历史
(1) 白春水和毛步康_____到,原来月亮湖[66]里面真的有一座月亮城。
(2) 白秋树把铺[51]在地上的月亮石雕[20]_____了一遍又一遍。
(3) 白秋树1949年_____了上海。
(4) 月亮石雕[20]的_____很长。
(5) 大山里面,上午和下午的湖[66]水比中午要_____。

综合理解 Global understanding

根据整篇故事选择正确的答案。 Select the correct answer for each of the gapped sentences in the following passage.

白春水和毛步康是在(a. 中国 b. 英国)认识的。白春水的老家在中国,他们一家人一直都在找一个叫(a. 月亮城 b. 月亮湖[66])的地方。白春水的(a. 爸爸 b. 爷爷)在那里留[9]下了一个月亮石雕[20],里边全是(a. 金子[41] b. 钱)。

白春水来到了中国。他先到了(a. 上海 b. 北京),后来又到了(a. 台湾 b. 浙江),在那里他们找到了那个叫月亮城的地方。可是这个月亮城不是他们要找的那个月亮城。(a. 旅行公司的人 b. 学校的人)告诉他们,他们要找的地方在(a. 月亮湖[66] b. 月亮山)里面。原来,那个月亮城因为(a. 旁边的湖[66]水很大 b. 修[67]一个湖[66]),现在在湖[66]的下面。他们潜水[38]来到白春水爷爷住的地方(a. 公园路2号 b. 上海街2号),可是发现石雕[20]不见了。

他们只好找搬家的记录[73],找到了白春水奶奶的新家。可是,却见到了白春水的(a. 姑姑[76] b. 阿姨)。原来白家[42]的故事是这样的:白春水的爷爷(a. 白秋树 b. 白明天)在月亮城出生长大。白家[42]是做(a. 丝绸[46] b. 金子[41])生意的,所以家里有很多钱。他们还在(a. 上海 b. 北京)开了店。1931年,白春水的爷爷和白春水的奶奶成家[54]了,生下了白春水的爸爸——(a. 白明天 b. 白雪)。后来,因为日本人来到上海,所以白春水的爷爷把店卖了,换成(a. 金子[41] b. 钱)。他们把这些(a. 金子[41] b. 钱)装在一个月亮石雕[20]里,铺[51]在(a. 床 b. 桌子)下的地上。1949年,白春水的爷爷和白春水的爸爸去了(a. 美国 b. 台湾)就再也没有回来。40多年过去了,白家[42]一直在寻找月亮石雕[20]和他们的家人,但是都没有找到。白春水的(a. 姑姑[76] b. 阿姨)告诉她们白春水的奶奶已经(a. 去世了 b. 去北京)了。知道自己还有一个(a. 姑姑[76] b. 阿姨),白春水很高兴,还要带她去美国看爷爷和爸爸。虽然他们从来[77]没见过面,可是他们的心一直在一起。

练习答案

Answer key to the exercises

1. 外国寄来的挂号信[1]
   (1) a (2) b (3) b (4) b
2. 在英国时候的同学
   (1) b (2) a (3) a (4) a
3. 月亮城的故事
   (1) b (2) a (3) a (4) b
   (5) a (6) b (7) a
4. 他们以为找到了月亮城
   (1) b (2) a (3) a
5. 房子里的石雕[20]不见了
   (1) F (2) T (3) T
6. 月亮石雕[20]的一次旅行
   (1) F (2) T (3) T (4) F

词汇练习 Vocabulary exercises

1. (1) b (2) a (3) e (4) c (5) d
2. (1) a (2) d (3) b (4) e (5) c
3. (1) c (2) a (3) b (4) e (5) d

综合理解 Global understanding

白春水和毛步康是在(b.英国)认识的。白春水的老家在中国,他们一家人一直都在找一个叫(a.月亮城)的地方。白春水的(b.爷爷)在那里留[9]下了一个月亮石雕[20],里边全是(a.金子[41])。

白春水来到了中国。他先到了(b. 北京)，后来又到了(b. 浙江)，在那里他们找到了那个叫月亮城的地方。可是这个月亮城不是他们要找的那个月亮城。(a. 旅行公司的人)告诉他们，他们要找的地方在(a. 月亮湖[66])里面。原来，那个月亮城因为(b. 修[64]一个湖[66])，现在在湖[66]的下面。他们潜水[38]来到白春水爷爷住的地方(a. 公园路2号)，可是发现石雕[20]不见了。

他们只好找搬家的记录[73]，找到了白春水奶奶的新家。可是，却见到了白春水的(a. 姑姑[76])。原来白家[42]的故事是这样的：白春水的爷爷(a. 白秋树)在月亮城出生长大。白家[42]是做(a. 丝绸[46])生意的，所以家里有很多钱。他们还在(a. 上海)开了店。1931年，白春水的爷爷和白春水的奶奶成家[55]了，生下了白春水的爸爸——(a. 白明天)。后来，因为日本人来到上海，所以白春水的爷爷把店卖了，换成(a. 金子[41])。他们把这些(a. 金子[41])装在一个月亮石雕[20]里，铺[51]在(a. 床)下的地上。1949年，白春水的爷爷和白春水的爸爸去了(b. 台湾)就再也没有回来。40多年过去了，白家[42]一直在寻找月亮石雕[20]和他们的家人，但是都没有找到。白春水的(a. 姑姑[76])告诉她们白春水的奶奶已经(a. 去世了)了。知道自己还有一个(a. 姑姑[76])，白春水很高兴，还要带她去美国看爷爷和爸爸。虽然他们从来[77]没见过面，他们的心一直在一起。

本书练习由王萍丽编写

为所有中文学习者(包括华裔子弟)编写的
第一套系列化、成规模、原创性的大型分级轻松泛读丛书

"汉语风"(Chinese Breeze)分级系列读物简介

"汉语风"(Chinese Breeze)是一套大型中文分级泛读系列丛书。这套丛书以"学习者通过轻松、广泛的阅读提高语言的熟练程度,培养语感,增强对中文的兴趣和学习自信心"为基本理念,根据难度分为8个等级,每一级6—8册,共近60册,每册8,000至30,000字。丛书的读者对象为中文水平从初级(大致掌握300个常用词)一直到高级(掌握3,000—4,500个常用词)的大学生和中学生(包括修美国AP课程的学生),以及其他中文学习者。

"汉语风"分级读物在设计和创作上有以下九个主要特点:

一、等级完备,方便选择。精心设计的8个语言等级,能满足不同程度的中文学习者的需要,使他们都能找到适合自己语言水平的读物。8个等级的读物所使用的基本词汇数目如下:

第1级:300基本词	第5级:1,500基本词
第2级:500基本词	第6级:2,100基本词
第3级:750基本词	第7级:3,000基本词
第4级:1,100基本词	第8级:4,500基本词

为了选择适合自己的读物,读者可以先看看读物封底的故事介绍,如果能读懂大意,说明有能力读那本读物。如果读不懂,说明那本读物对你太难,应选择低一级的。读懂故事介绍以后,再看一下书后的生词总表,如果大部分生词都认识,说明那本读物对你太容易,应试着阅读更高一级的读物。

二、题材广泛,随意选读。丛书的内容和话题是青少年学生所喜欢的侦探历险、情感恋爱、社会风情、传记写实、科幻恐怖、神话传说等。学习者可以根据自己的兴趣爱好进行选择,享受阅读的乐趣。

三、词汇实用,反复重现。各等级读物所选用的基础词语是该等级的学习者在中文交际中最需要最常用的。为研制"汉语风"各等级的基础词表,"汉语风"工程首先建立了两个语料库:一个是大规模的当代中文书面

语和口语语料库,一个是以世界上不同地区有代表性的40余套中文教材为基础的教材语言库。然后根据不同的交际语域和使用语体对语料样本进行分层标注,再根据语言学习的基本阶程对语料样本分别进行分层统计和综合统计,最后得出符合不同学习阶程需要的不同的词汇使用度表,以此作为"汉语风"等级词表的基础。此外,"汉语风"等级词表还参考了美国、英国等国和中国大陆、台湾、香港等地所建的10余个当代中文语料库的词语统计结果。以全新的理念和方法研制的"汉语风"分级基础词表,力求既具有较高的交际实用性,也能与学生所用的教材保持高度的相关性。此外,"汉语风"的各级基础词语在读物中都通过不同的语境反复出现,以巩固记忆,促进语言的学习。

四、易读易懂,生词率低。"汉语风"严格控制读物的词汇分布、语法难度、情节开展和文化负荷,使读物易读易懂。在较初级的读物中,生词的密度严格控制在不构成理解障碍的1.5%到2%之间,而且每个生词(本级基础词语之外的词)在一本读物中初次出现的当页用脚注做出简明注释,并在以后每次出现时都用相同的索引序号进行通篇索引,篇末还附有生词表,以方便学生查找,帮助理解。

五、作家原创,情节有趣。"汉语风"的故事以原创作品为主,多数读物由专业作家为本套丛书专门创作。各篇读物力求故事新颖有趣,情节符合中文学习者的阅读兴趣。丛书中也包括少量改写的作品,改写也由专业作家进行,改写的原作一般都特点鲜明、故事性强,通过改写降低语言难度,使之适合该等级读者阅读。

六、语言自然、鲜活。读物以真实自然的语言写作,不仅避免了一般中文教材语言的枯燥和"教师腔",还力求鲜活地道。

七、插图丰富,版式清新。读物在文本中配有丰富的、与情节内容自然融合的插图,既帮助理解,也刺激阅读。读物的版式设计清新大方,富有情趣。

八、练习形式多样,附有习题答案。读物设计了不同形式的练习以促进学习者对读物的多层次理解;所有习题都在书后附有答案,以方便查对,利于学习。

九、配有录音,两种语速选择。各册读物所附的故事录音(MP3格式),有正常语速和慢速两种语速选择,学习者可以通过听的方式轻松学习、享受听故事的愉悦。故事录音可通过扫描封底的二维码获得,也可通过网址http://www.pup.cn/dl/newsmore.cfm?sSnom=d203下载。

For the first time ever, Chinese has an extensive series of enjoyable graded readers for non-native speakers and heritage learners of all levels

ABOUT Hànyǔ Fēng (*Chinese Breeze*)

Hànyǔ Fēng (*Chinese Breeze*) is a large and innovative Chinese graded reader series which offers nearly 60 titles of enjoyable stories at eight language levels. It is designed for college and secondary school Chinese language learners from beginning to advanced levels (including AP Chinese students), offering them a new opportunity to read for pleasure and simultaneously developing real fluency, building confidence, and increasing motivation for Chinese learning. *Hànyǔ Fēng* has the following main features:

☆ Eight carefully graded levels increasing from 8,000 to 30,000 characters in length to suit the reading competence of first through fourth-year Chinese students:

Level 1: 300 base words	Level 5: 1,500 base words
Level 2: 500 base words	Level 6: 2,100 base words
Level 3: 750 base words	Level 7: 3,000 base words
Level 4: 1,100 base words	Level 8: 4,500 base words

To check if a reader is at one's reading level, a learner can first try to read the introduction of the story on the back cover. If the introduction is comprehensible, the leaner will be able to understand the story. Otherwise the learner should start from a lower level reader. To check whether a reader is too easy, the learner can skim the Vocabulary (new words) Index at the end of the text. If most of the words on the new word list are familiar to the learner, then she/ he should try a higher level reader.

☆ Wide choice of topics, including detective, adventure, romance, fantasy, science fiction, society, biography, mythology, horror, etc. to meet the diverse interests of both adult and young adult learners.

☆ Careful selection of the most useful vocabulary for real life communication in modern standard Chinese. The base vocabulary used for writing each level was generated from sophisticated computational analyses of very large written and spoken Chinese corpora as well as a language databank of over 40 commonly used or representative Chinese textbooks in different countries.

☆ Controlled distribution of vocabulary and grammar as well as the deployment of story plots and cultural references for easy reading and efficient learning, and highly recycled base words in various contexts at each level to maximize language development.

☆ Easy to understand, low new word density, and convenient new word glosses and indexes. In lower level readers, new word density is strictly limited to 1.5% to 2%. All new words are conveniently glossed with footnotes upon first appearance and also fully indexed throughout the texts as well as at the end of the text.

☆ Mostly original stories providing fresh and exciting material for Chinese learners (and even native Chinese speakers).

☆ Authentic and engaging language crafted by professional writers teamed with pedagogical experts.

☆ Fully illustrated texts with appealing layouts that facilitate understanding and increase enjoyment.

☆ Including a variety of activities to stimulate students' interaction with the text and answer keys to help check for detailed and global understanding.

☆ Audio files in MP3 format with two speed choices (normal and slow) accompanying each title for convenient auditory learning. Scan the QR code on the backcover, or visit the website http://www.pup.cn/dl/newsmore.cfm?sSnom=d203 to download the audio files.

"汉语风"系列读物其他分册
Other *Chinese Breeze* titles

"汉语风"全套共8级近60册,自2007年11月起由北京大学出版社陆续出版。下面是已经出版或近期即将出版的各册书目。请访问北京大学出版社网站(www.pup.cn)关注最新的出版动态。

Hànyǔ Fēng (*Chinese Breeze*) series consists of nearly 60 titles at eight language levels. They have been published in succession since November 2007 by Peking University Press. For most recently released titles, please visit the Peking University Press website at www.pup.cn.

第1级:300词级
Level 1: 300 Word Level

错,错,错!
Wrong, Wrong, Wrong!

两个想上天的孩子
Two Children Seeking the Joy Bridge

我一定要找到她……
I Really Want to Find Her...

我可以请你跳舞吗?
Can I Dance with You?

向左向右
Left and Right: The Conjoined Brothers

你最喜欢谁?
Whom Do You Like More?

第2级:500词级
Level 2: 500 Word Level

电脑公司的秘密
Secrets of a Computer Company

我家的大雁飞走了
Our Geese Have Gone

青凤
Green Phoenix

如果没有你
If I Didn't Have You

妈妈和儿子
Mother and Son

出事以后
After the Accident

一张旧画儿
An Old Painting

第3级：750词级
Level 3: 750 Word Level

第三只眼睛
The Third Eye

两个月，飞机上已经有五个人放在包里的钱没有了！这是谁干的呢？是一个人还是不同的人干的？警察(jǐngchá, police)很着急，想了很多办法，可是都没找到做坏事的人。有一天，他把那五次坐飞机的人的名字都找来，放在一起一个一个地看，看了一遍又一遍，突然，他的眼睛一亮，停在了一张纸的中间……

几天以后，警察跟在一个人的后边，坐进了飞往北京的飞机。

In just two months, five customers had large amounts of money stolen while in flight! Such cases became a headache for the cops. Harried and frustrated for a while, they found a clue while screening the names of all the customers. One day, when the thief showed up again on the airplane, a cop quietly followed. The cop sat there nonchalantly with his "third eye" watching and waiting for the fish to bite.

画皮
The Painted Skin

很久很久以前的一天，王生在河边玩儿，看见了一个漂亮的姑娘，就把她带回他读书学习的那个小楼里，快乐得忘了家里的太太。有一天，他从外边做事回来，看见一个可怕的鬼(guǐ, ghost)坐在他读书的桌子旁边，正在往身上穿一张皮(pí, skin)，穿上以后，鬼就变成了他带回来的那个漂亮姑娘！王生怕极了，倒(dǎo, fall down)在了地上……

A long time ago, Scholar Wang came across a girl while he strolled along a creek near his home. The girl was astonishingly pretty, but looked haggard and despondent. Attracted by such beauty, Wang took her back and hid her in his private study house, and they spent many happy days together. However, one day when Wang came back from outside, he saw something that scared him to death: A dreadful ghost sat down at his desk, put on a piece of painted skin, and turned into his pretty girl...

朋友
Friends

我爸爸很有钱,但是他生了重病。我不喜欢学习,只喜欢跟朋友们一起喝酒吃饭、一起玩儿。当然,我还想干大事——把爸爸最大的公司要过来。可是,爸爸要求我先一个人去北京,和家里更有钱的大学生张力做朋友,变成张力那样的人。

在北京,我一直没找到张力。后来,我都差不多忘了找张力的事……不过,爸爸最后还是高兴地把他的大公司给了我。当然,这中间发生了很多想不到的事,把我的人生完全改变了。

My father, for all his wealth, could do nothing about his sickness. I, for all my hard-partying habits, did want to do something big with my life—to take over my father's massive company. But my father asked me to go to Beijing first. He wanted me to spend some time with Zhang Li, a fellow college student whose father was even richer than mine. He wanted me to learn from Zhang Li and perhaps become like him.

In Beijing, I couldn't find Zhang Li, and after a while I almost forgot what my father asked me to do. I couldn't imagine that such unbelievable things had happened to me while I was in Beijing, and my life was completely changed. And in the end my father did pass his company to me.

第4级:1,100词级
Level 4: 1,100 Word Level

好狗维克
Vick the Good Dog

两件红衬衫
Two Red Shirts

竞争对手
The Competitor

沉鱼落雁
Beauty and Grace